AF233623

Pourquoi j'ai écrit ma lettre
contre l'Abandon
du général Gordon

LYON, IMP. A. STORCK, RUE DE L'HOTEL-DE-VILLE, 78

Pourquoi j'ai écrit ma lettre contre l'Abandon du général Gordon

Pourquoi j'ai écrit ma lettre contre l'abandon du général Gordon

Je dis *écrit* et non publié, car cette lettre j'imaginais si bien qu'elle resterait inaperçue, que mes proches mêmes l'ignoraient. Une erreur de transcription l'exagérant sur un point est cause, peut-être, qu'elle a fait le tour de la presse.

Et maintenant beaucoup de mes connaissances et amis m'en font, en quelque sorte, un crime de lèse-patriotisme.

Je répondrai simplement : Ce faisant, j'ai honoré et fait aimer la France. C'est mon patriotisme cela. Et qui en connaît un meilleur s'en serve.

Je ne me croirai jamais bon patriote, moi, quand je n'oserai ni dire ce que je pense, ni faire ce que je dois.

Mais pourquoi relever l'Angleterre dans sa propre estime ?

A cela je repondrai sincèrement. Parce que malgré ses torts et ses défauts saillants, au fond je l'aime !

Oh ! je sais quel haro je vais soulever. La mode est aux idées étroites, comme aux poufs exagérés : Je ne trouve séduisants, ni les uns ni les autres. Et sans prétendre à les changer, je pense préférable toujours, la grandeur et la simplicité.

Nous autres travailleurs, quand nous étudions, nous n'avons pas un pédant à côté de nous pour nous apprendre à admirer ce qui doit être admiré et à ne pas voir ce qu'une pudeur patriotique doit cacher.

Nous voyons les choses comme elles se présentent, les jugeant à la clarté de notre conscience brute.

Or, quand, vers la fin du seizième siècle, la France s'est souillée des massacres de la St-Barthélemy ; que les Pays-Bas terrorisés par trente mille exécutions capitales, n'osent plus remuer sous le talon sanglant du dévot duc d'Albe ; quand le sombre génie de l'Inquisition semble prévaloir et devoir étouffer la pensée humaine, l'Angleterre reste debout.

Le tout puissant monarque des Espagnes, Philippe II, organise une expédition gigantesque, sans précédent, pour la soumettre, et l'*Invincible Armada* portant dans ses cales les instruments de la torture orthodoxe et sur ses puissants vaisseaux les meilleures troupes et les plus expérimentés capitaines de l'Europe. *L'Armada bénie* marche contre la dernière citadelle de la liberté qui doit être emportée.

L'Angleterre accepte froidement l'inégal combat ; ses petits navires luttent victorieusement contre l'immense flotte qui n'ose repasser la Manche et que les vents disparaissent ou détruisent....

Et le rayonnement de la pensée humaine ne s'éteint pas !

Ai-je tort ? mais de ces faits, lus dans l'enfance, au vivant foyer de la famille, sous le pauvre contrôle d'une simple ouvrière qui ne comprenait rien aux nécessités de la haute politique, mais qui savait juger du bien et du mal, de ces faits, dis-je, mon âme en a gardé une ferme reconnaissance, que n'ont pu faire évanouir les impériales hableries contre la perfide Albion.

Plus tard quand Napoléon aura courbé la France sous un joug de fer et qu'elle devra, la France, enivrée et saignante, donner tous ses enfants pour les criminelles campagnes d'Espagne, d'Allemagne ou de Russie; l'Angleterre, avec des armes souvent mauvaises, luttera en définitive pour la liberté de l'Europe opprimée par la France.

Et je lui en sais gré. —

Et puis, soit hasard, fortune ou autre chose, l'Anglerre est la seule nation, qui ait enfanté de grands peuples libres : la seule qui soit mère de jeunes nations tournées vers l'avenir. L'Amériqne nord, l'Australie, la Nouvelle-Zélande sont ses filles, et là on parle, on pense, on agit, on vit en liberté.

Enfin, elle a toujours été l'inviolable asile de tous nos proscrits : Je l'en honore.

Mais pourquoi avoir dit que l'Angleterre représente dans notre vieille Europe, la dignité individuelle et la liberté?

Mon Dieu, tout simplement parce qu'elle n'a pas accepté la conscription, le service obligatoire, qui soumettant les citoyens à l'obéissance passive pendant une partie de leur vie et en faisant les instruments de l'autorité militaire, peut toujours les jeter, contre leur volonté dans des aventures que leur intelligence, leur cœur, leur conscience réprouvent : les destituant ainsi de leur inaliénable responsabilité, de leur qualité d'hommes pour les faire machines obéissantes.

Haute théorie d'asservissement que mon caractère mal fait, n'a jamais pu accepter. Superbe organisation de mort que ma pauvre intelligence n'a jamais pu admirer.

Je ne puis révérer dans le monde que la liberté.

Cela dit, je comprends toutes les colères, toutes les sourdes indignations que cette lettre a suscitées.

Quoi ! le peuple se permettrait d'admirer le vrai courage, la grandeur d'âme, là où ils se trouvent, sans s'inquiéter ni de la latitude ni de la longitude ! Mais que deviendrait alors la suprématie des classes dirigeantes ?

Quoi ! la diplomatie aura habilement tendu ses filets où doit sombrer la paix, un jour. Mille journaux par des insinuations, par des provocations travailleront au même but : l'on aura bien semé et la haine et la défiance ; fait grande consommation de mauvaise foi, mis en fermentation les jalousies et les sottes présomptions: un fait inespéré viendra à point s'offrir pour aggraver la situation ; et l'on se réjouira tout bas d'une catastrophe prévue. Tout marchera à souhait... Et voilà qu'un malotru, prenant la voix de ceux qui n'en ont pas, dira hautement : Nous ne nous réjouissons pas de votre humiliation, nous.

...Nous compatissons de tout notre cœur au danger qui menace l'un de vos plus illustres enfants. Nous savons qu'en Chine , en des circonstances terribles, il a agi avec humanité et vaillance, qu'il a fait preuve de grandeur et de désintéressement ; qu'au Soudan pendant plus de deux ans il fit des efforts immenses pour abolir la traite des esclaves, qu'en six semaines dans le Kordofan il fit mettre en liberté deux mille captifs traînés en caravanes pour être vendus...Ces choses là sont grandes, nous lui en sommes reconnaissants.

C'est librement et le sachant, qu'il est allé au danger.

Hé bien ! si vous vous levez pour le sauver, comme votre devoir et votre honneur l'exigent, hé bien ! nous petits, nous vous tendons la main. Notre âme est avec vous. — Et l'orgueilleuse Angleterre ne s'irritera pas de cette incitation à l'honneur, parti de si bas.

Elle répondra avec modestie et reconnaissance... (1)

Parmi les lettres trop sympathiques que j'ai reçues à ce sujet. Je n'en citerai qu'une qui intéresse plus particulièrment la France,

La voici :

Paris 10 Mai 1883 (rue Notre-Dame des Victoires)

Monsieur,

Voulez-vous permettre à un anglais, qui a demeuré près de cinquante ans en France, de vous remercier pour la lettre de cœur que vous avez écrit au « Times » en faveur de ce brave Gordon.

Mais il n'en faut pas d'avantage pour faire avorter les plans les mieux conçus. Il faudra chercher autre chose pour brouiller les cartes.

Il aurait peut-être suffi d'une douzaine d'imbéciles pareils, en 70, pour faire avorter la guerre : pour montrer la vanité du prétexte ; la fausseté éhontée des déclarations officielles ; susciter l'indignation de la France trompée, et faire rentrer au fourreau la carte de géographie des grands maréchaux Lebœuf et consorts.

Et, pensez donc ! — C'est vrai que cent mille familles, tant en France qu'en Allemagne, n'auraient pas pleuré leurs enfants morts et s'entre-tuant dans une guerre aussi inutile que fratricide : que nous aurions conservé l'Alsace-Lorraine et quinze millards que nous a coûté la guerre. — Mais que de belles choses nous n'aurions pas eues ! Et d'abord la balle de Saarbruck, et la dépêche de la Bourse et les nouvelles des carrières de Jaumont ; les proclamations

---

Votre lettre, Monsieur, a fait plus pour cimenter une vraie amitié et estime mutuelle entre les deux pays que toutes les négociations politiques ou articles de journaux.

Vous, Monsieur, vous avez les sentiments de vraie fraternité et votre simple lettre a eu un très grand retentissement en Angleterre.

Vous comprendrez, Monsieur, pourquoi je prends la liberté de vous écrire. c'est que j'étais avec mon fils les seuls Anglais qui se sont engagés pour la guerre, et ce n'était pas pour un parti ou une politique ; c'était pour le pays de France.

Veuillez agréer etc.

MATTHEW HUTCHINSON.

Gambetta ; la poésie déroulédesque ; et les fusillades de Satory, et les déportations et la semaine sanglante !... Non, non cela ne se pouvait pas ! l'on n'aurait pas seulemeut essayé des chassepots !

De grandes douleurs, d'irréparables deuils, de tristes ridicules auraient été évités à la France : son cœur et son esprit seraient plus élevés, mais l'on ne se serait pas amusé ! l'on n'aurait pas eu l'occasion de déclamer et de parader.

Et, si l'on voulait dire la vérité et se baser sur l'équité... Mais, alors, les peuples seraient toujours reconnaissants les uns envers les autres. Car chaque nation donne jour à des caractères, tant hommes que femmes, qui, soit dans les sciences ou les arts, ou simplement par leur vie..expansive, probe et pure, honorent et servent l'humanité, — et les peuples pourraient peut-être examiner leurs griefs et découvrir réciproquement que tous les torts ne sont pas du côté du voisin, et que leurs différends, s'il s'en produit peuvent être résolus par la raison et la justice, au lieu d'être tranchés par le canon qui ne résout rien et que, alors, la chair de leur chair et le sang de leur sang ; et leurs membres et leurs droits ne seront plus broyés dans le sanglant mortier de la guerre ; et leurs primordiales libertés plus écrasées sous la roue des canons. — Et les peuples, au lieu d'être comme des dogues à la chaîne, toujours prêts à s'entre-dévorer pourraient peut-être se tendre la main, et, qui sait ? s'aimer !

Que deviendraient donc les nécessités de la haute politique ?

Mais si la guerre cesse d'être la menace permanente; à quoi bon alors toute cette organisation militaire, et ces budgets insersés qui ruinent l'Europe et absorbent toutes ses forces vives? — Et, sans cette organisation, le fils du bourgeois, sortant de l'école, ne pourra plus faire faire : *une, deux* ! *une, deux* ! au fils l'ouvrier et du paysan, et s'en faire saluer.......

Mais alors, une autre vie circule. L'enfant n'apporte plus, en venant au monde, l'obligation possible d'être meurtrier inique : obligation qui sape bien radicalement dans sa base toute liberté, toutes dignités morales, sans lesquelles les autres ne sont jamais que de vaines apparences. — La liberté, l'égalité, la fraternité tendent à devenir autre chose que de simples mots collés sur les murs!,.. c'est la fin de la civilisation !

L'on s'occuperait mieux du sort des déshérités et la fille du proletaire désespérée ne serait plus si fréquemment l'instrument de plaisir et l'objet du mépris de jeunes et riches gandins etc.... Mais que deviendrait donc l'idéal tant caressé de nos chers élus, de faire de la France une immense caserne où tout marche au doigt et à l'œil et dont le cœur ne batte pas plus vite ni autrement que ne l'auront permis ces savants docteurs....

Grandioses projets qui s'envolent en fumée. Cela ne se peut souffrir, Haro! sur le baudet! Reprenons la grande maxime de Loyola : *Divisons pour régner.* Et prononçons encore de grandes phrases ; faisons de

grandes exhibitions de plumets et que cette révoltée,
la conscience, cet insurgé, le droit éternel, restent
encore au pilori !

15 Mai 1884.

Louis GUÉTANT.

NOTA — J'ai dit qu'une erreur de transcription avait
changé quelques expressions de ma lettre.

Telle que les journaux l'ont publiée d'après le *Times*,
elle est peut-être plus touchante, mais elle n'est pas
mienne.

La voici exacte :

Lyon 3 mai 1884

MONSIEUR,

L'abandon du général Gordon n'est digne ni de l'Angleterre
ni de sa vieille réputation.

Il remplit de joie les intrigants et tous les pêcheurs en eaux
troubles qui travaillent constamment à jeter des germes de
division entre deux grandes nations et qui rêvent l'humiliation
de l'Angleterre, parceque l'Angleterre représente dans notre
vieille Europe la dignité individuelle et la liberté,

C'est pourquoi cet abandon ne se peut, ne se doit: — Gordon
est un homme, *au sens noble du mot.* (1) Ses actions et son
caractère honorent l'humanité et sa patrie. Le drapeau qu'il
soutient si vaillamment au Soudan, représente l'émancipation
et la justice. Il ne peut être abandonné.

Je crois qu'une souscription a été commencée à Londres par
l'initiative individuelle, pour lui venir en aide. Si elle n'existe,
il faut la faire. Simple ouvrier étranger, je ne puis fournir un
appoint important ; je n'apporte que mon exemple.

Publiez cette lettre, si vous le jugez à propos et mon nom à
votre gré.

Ci-joint etc.

Louis GUÉTANT

(1) Et non pas: Gordon est un homme, *le plus noble, seul au
monde.* Ce qui laisse percer une emphase, qui n'était ni dans ma
pensée, ni dans mon caractère.

J'avais demandé cette rectification à un petit journal de notre ville,
m'adressant à sa loyauté. — Comme de juste, où il n'y a rien, le roi
perd de ses droits, il ne m'a pas été répondu.